DU BIST DAS FEHLENDE TEIL IN MEINEM PUZZLE.

ICH BIN GLÜCKLICH, DASS ICH DICH GEFUNDEN HABE.

MAN MUSS
SEIN GLÜCK TEILEN, UM
ES ZU MULTIPLIZIEREN.

Marie von Ebner-Eschenbach

FÜR MEINEN
Herzensmenschen

Hallo Herzensmensch!

ICH WOLLTE EINFACH MAL DANKE

DAFÜR SAGEN, DASS ES DICH GIBT.

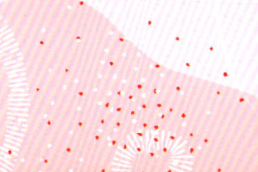

Danke,

DASS **DU** AN MEINER SEITE BIST!
AUF DICH KANN ICH MICH
IMMER VERLASSEN.

DIE SCHÖNSTEN

Glücksmomente

TEILE ICH MIT DIR.

DEIN LACHEN

VERTREIBT SELBST DIE FINSTERSTEN
REGENWOLKEN UND ERHELLT
DIE DUNKELSTEN TAGE.

Mit dir

WIRD JEDER TAG ZUM

HIGHLIGHT.

Bei dir

FÜHLE ICH MICH STETS GEBORGEN UND VERSTANDEN.

JETZT MAL EHRLICH:

Zusammen

SIND WIR EINFACH BESSER.

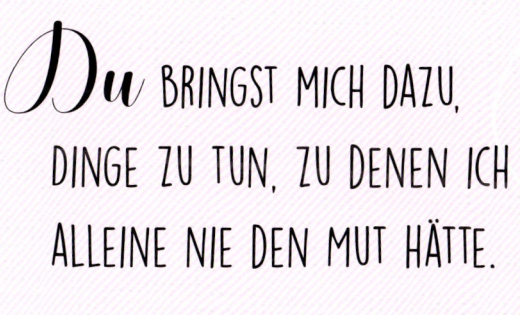

Du bringst mich dazu, Dinge zu tun, zu denen ich alleine nie den Mut hätte.

ZU ZWEIT

IST JEDER MOMENT DOPPELT
SO SCHÖN UND JEDE ERINNERUNG
DOPPELT SO WERTVOLL.

Florentine Graf

MIT DIR KANN ICH ÜBER ALLES REDEN UND DU HÖRST MIR IMMER ZU – DAFÜR BIN ICH DIR UNENDLICH DANKBAR.

ICH LASSE MICH GERN
VON DEINER *positiven*
ENERGIE ANSTECKEN.

DICH ERSETZEN?

- ♥ SOLL NIEMAND.

- ♥ KANN NIEMAND.

- ♥ WIRD NIEMAND!

Wie schön,

JEMANDEN ZU HABEN,
DEN MAN TAG UND NACHT
ANRUFEN KANN.

Judy Parker

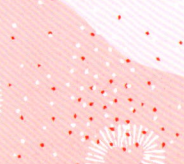

Danke,

DASS DU ALLE
MEINE LAUNEN ERTRÄGST.

Mit dir

ZUSAMMEN SIND

ZWEI STUNDEN SO ERHOLSAM

WIE ZWEI WOCHEN URLAUB.

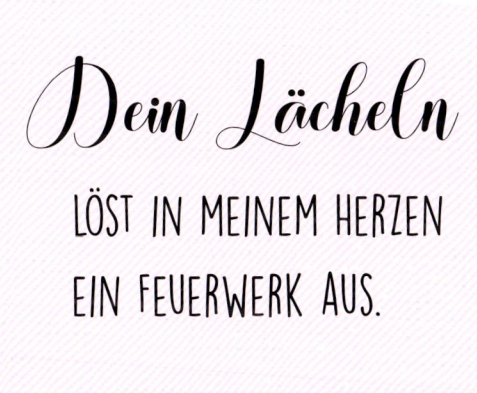

Dein Lächeln

LÖST IN MEINEM HERZEN

EIN FEUERWERK AUS.

Du

FÜHLST DICH NACH

ZUHAUSE AN.

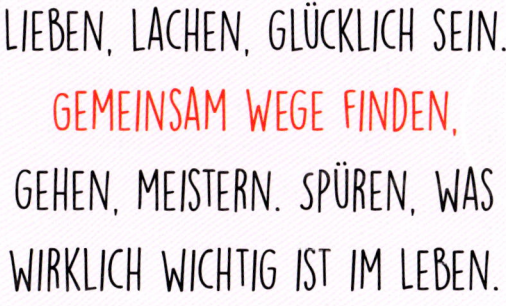

Lieben, lachen, glücklich sein.
Gemeinsam Wege finden,
gehen, meistern. Spüren, was
wirklich wichtig ist im Leben.

Anna Johannsen

MANCHE SEELEN

VERSTEHEN SICH EINFACH

AUF ANHIEB.

DU BIST

DAS YIN ZU MEINEM YANG.

ALLES LIEBE FÜR EINEN

WUNDERBAREN MENSCHEN!

WENN DU DAS LEBEN ANLACHST,

LÄCHELT ES ZURÜCK.

Ingeborg Raus

WAS MICH GLÜCKLICH MACHT?

Du.

〜〜〜〜〜

1 UNIVERSUM, 8 PLANETEN,
194 LÄNDER, 7 MEERE
UND ICH HATTE DAS GLÜCK,
DICH ZU TREFFEN.

Wir zwei

SIND EINFACH SCHICKSAL.

NICHTS VERBINDET

ZWEI MENSCHEN SO SEHR WIE

GEMEINSAMES LACHEN.

B. G.

DU BIST ♥

DAS SCHÖNSTE GLITZERKONFETTI,
DAS MEINEN GRAUEN ALLTAG JEDEN
TAG AUFS NEUE ZUM FUNKELN BRINGT.

„Perfekt"

LÄUFT ES IM LEBEN NIE.
ES GIBT ABER MENSCHEN
WIE DICH, DIE JEDEN AUGENBLICK
PERFEKT MACHEN.

EINZELN SIND WIR
WIE WORTE UND NOTEN,
DOCH ZUSAMMEN
EIN GANZES LIED.

Merle Berghoff

DU BRAUCHST NUR
ZU LIEBEN UND
ALLES IST FREUDE.

Leo Tolstoi

ZUSAMMEN
mit dir
IST DAS LEBEN
EINFACH SCHÖNER.

Wenn mir das Leben hundert Gründe zum Weinen gibt, sorgst du dafür, dass ich tausend Gründe habe, um **wieder zu lächeln.**

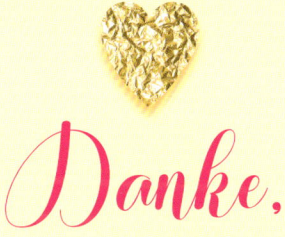

Danke,

DASS ICH DICH JEDERZEIT AUS
DEM BETT KLINGELN DARF,
WENN ICH JEMANDEN ZUM
REDEN BRAUCHE.

NICHTS IST SO

kostbar

WIE DIE ZEIT MIT DIR.

LIEBE IST, WENN BEIM ZUSAMMENSEIN DIE ZEIT KEINE ROLLE SPIELT UND DOCH JEDER AUGENBLICK GLÜCKLICH MACHT.

Irmgard Erath

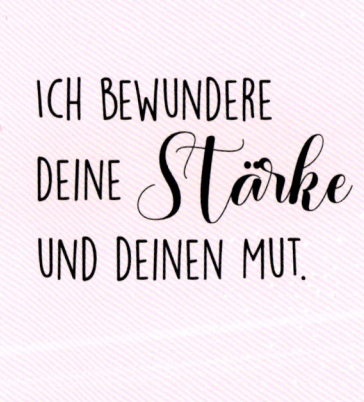

ICH BEWUNDERE DEINE *Stärke* UND DEINEN MUT.

SCHÖN, WENN MAN MENSCHEN FINDET, DEREN KOPF DENSELBEN VERRÜCKTEN INNENARCHITEKTEN HATTE.

Danke,

DASS ICH BEI DIR GENAUSO

SEIN KANN, WIE ICH BIN.

~~~~~~

MANCHMAL GENÜGT BEREITS

DIE BLOßE ANWESENHEIT

EINES GELIEBTEN MENSCHEN,

UM SICH VOM GLÜCK

UMARMT ZU FÜHLEN.

Ernst Ferstl

Du bist

DER MENSCH, DER MICH VERSTEHT,

AUCH WENN ICH GAR NICHTS SAGE.

DIE WEGE,
DIE ZUEINANDER FÜHREN,
BEGINNEN DA, WO SICH
DIE HERZEN BERÜHREN.

Horst Reiner Menzel

Jeder Tag,

DEN ICH MIT DIR

VERBRINGEN KANN, IST

MEIN LIEBLINGSTAG.

ICH STEHE LIEBER
MIT DIR IM REGEN ALS
ALLEIN IN DER SONNE.

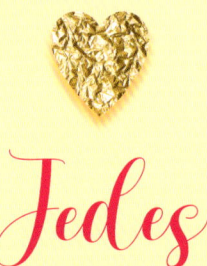

Jedes

NOCH SO KLEINE ABENTEUER
MIT DIR WÄSCHT DEN STAUBIGEN
ALLTAG VON MEINER SEELE.

Ich denke,

WIR ZWEI SIND DAS PERFEKTE

DURCHEINANDER.

ICH GLAUBE DARAN,
DASS DU *alles*
SCHAFFEN KANNST,
WAS DU DIR VORNIMMST.

SEINE FREUDE
IN DER FREUDE DES ANDEREN
FINDEN ZU KÖNNEN, DAS IST DAS
GEHEIMNIS DES GLÜCKS.

Georges Bernanos

Ich hab dich lieb.

BEDINGUNGSLOS. IMMER.

Idee und Konzept: GROH Verlag. Das Werk einschließlich seiner Teile ist urheberrechtlich geschützt. Jede Verwertung außerhalb der engen Grenzen des Urheberrechtsgesetzes ist ohne Zustimmung des Verlages unzulässig und strafbar. Das gilt insbesondere für Kopien, Einspeicherung und Verarbeitung in elektronischen Systemen. Die Nutzung unserer Werke für Texte und Data Mining im Sinne von §44b UrhG behalten wir uns explizit vor.

Textnachweis: Wir danken allen Autoren bzw. deren Erben, die uns freundlicherweise die Erlaubnis zum Abdruck von Texten erteilt haben, sowie Ernst Ferstl, www.gedanken.at.

Text und Redaktion: Lea Merz, www.wortrebellin.de

Bildnachweis: Cover und Innenteil: Shutterstock.com

Cover: Vanessa Urban

Layout: Stefanie Müller

Gesamtherstellung: Printfactory, Istanbul

Für meinen Herzensmenschen
GTIN 978-3-8485-0216-5
© 2023 Groh Verlag. Ein Imprint der Verlagsgruppe
Droemer Knaur GmbH & Co. KG, München
www.groh.de

MIX
Papier | Fördert
gute Waldnutzung
FSC® C130076